AF258153

4°L 37
377A
(1 - 2)

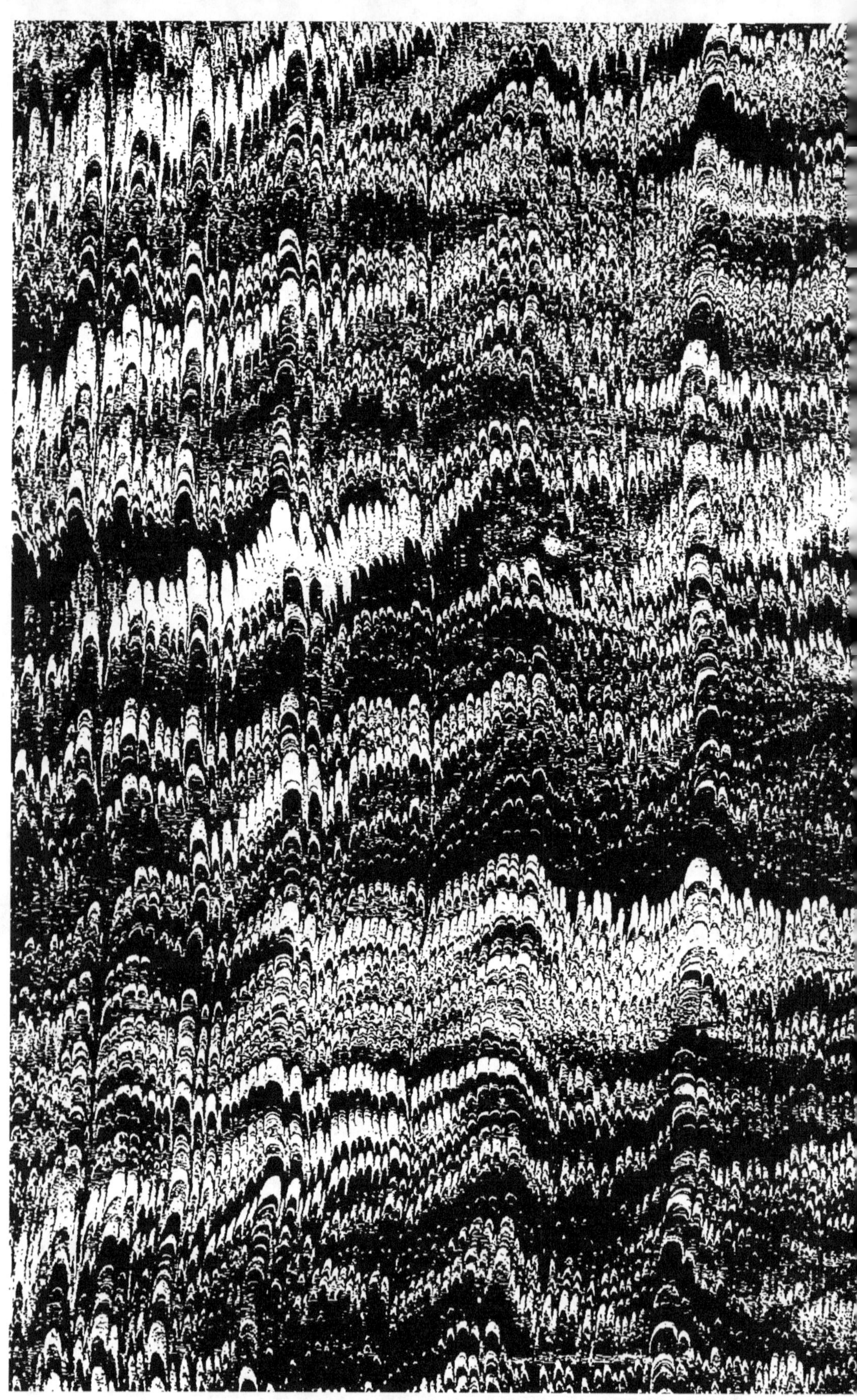

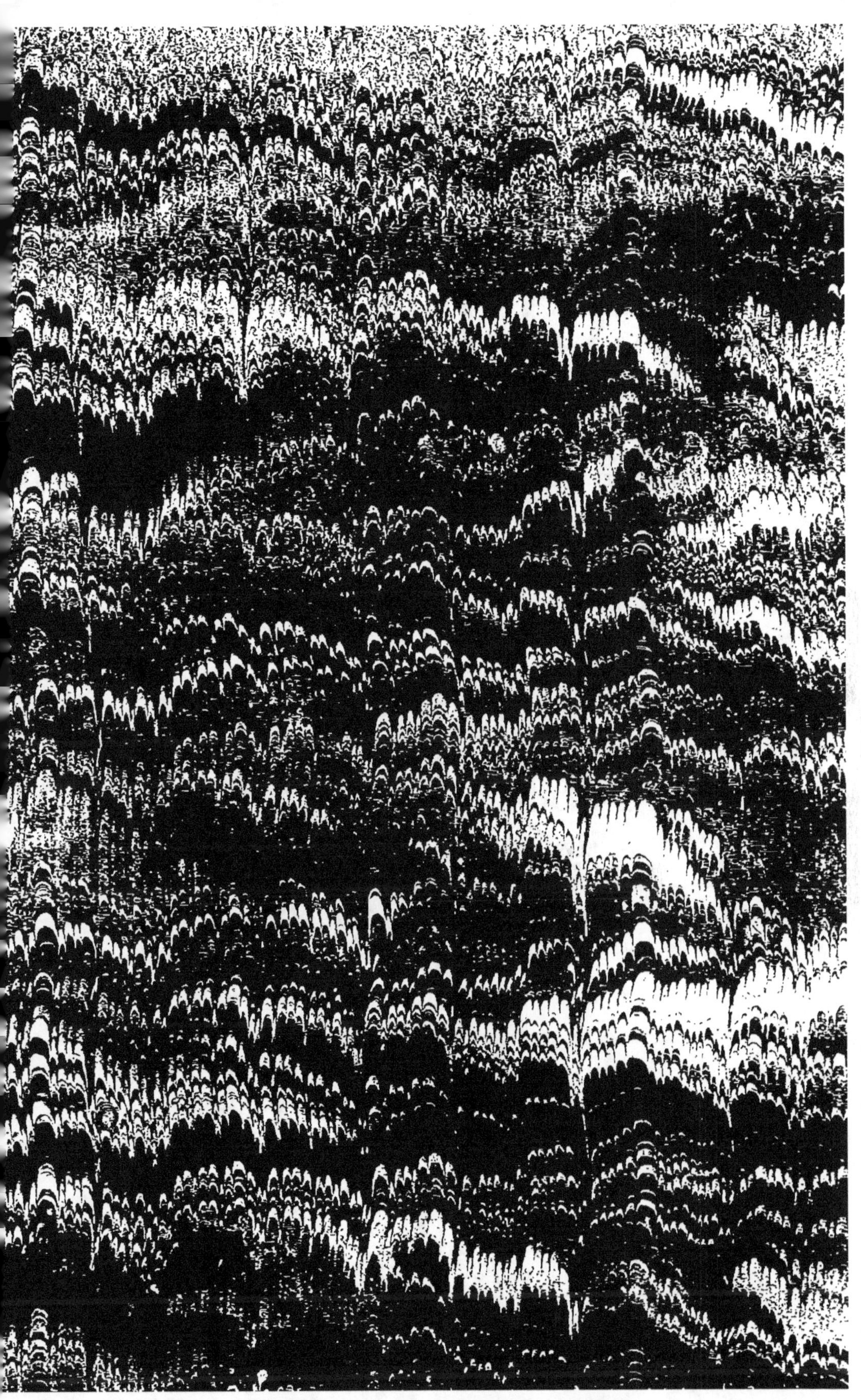

LES REJOUISSANCES

DU COLLEGE

DE CLERMONT

DE LA COMPAGNIE

de JESUS.

Pour la Naissance de Monseigneur Duc de Bourgogne.

A PARIS,

Ruë S. Jacques, aux trois Cailles.

M. DC. LXXXXII.

Avec Permission.

LES
REJOUISSANCES
DU COLLEGE
DE CLERMONT
DE LA COMPAGNE
DE JESUS.

Pour la Naiſſance de Monſeigneur Duc

de Bourgogne.

LEs Jeſuïtes du College de Clermont pour prendre part à la joye publique, ſur la Naiſſance de Monſeigneur Duc de Bourgogne, & pour donner en meſme-temps à ſa Majeſté des marques de leurs reſpects, & de leur reconnoiſſance, pour les bien-faits continuels qu'ils reçoivent de ſa bonté, & de ſa protection, ont choiſi le 24. de ce mois, veille de la feſte de ſaint Louïs pour l'ouverture de cette ſolemnité.

Elle commencera par une Harangue Latine, qui ſera prononcée par l'un des deux Profeſſeurs de la Rhetorique, qui en a fait l'invitation par cette affiche.

A

D. O. M.

IN COLLEGIO CLAROMONTANO

SOCIETATIS JESU.

RHETORVM ALTER

AVSPICATISSIMO

SERENISSIMI PRINCIPIS

BVRGVNDIÆ DVCIS

NATALES

REGIÆ FAMILIÆ

AC

TOTI REGNO

GRATVLABITVR,

Le *Te Deum*, sera chanté un iour apres à plusieurs Chœurs de Musique, avec une Symphonie de divers Instrumens, sur un Theatre dressé dans la Cour, afin que cette action de graces soit plus solemnelle, estant faite dans un lieu qui est destiné aux actions publiques, qui se font ordinairement dans ce College.

A ces actions de graces sera jointe une décoration de toute la Cour, dont voicy le sujet.

Apollon qui est le Dieu des Sçavans, & le Symbole du Roy, dépuis que ce grand Prince à choisi le Soleil pour sa devise; avoit autrefois sur le Mont - Claros dans la Grece, un Temple célebre par les Oracles qui s'y rendoient. Ces Oracles attiroient de tous les endroits du monde un grand nombre de personnes qui alloient consulter ce Dieu pour apprendre leurs destinées. C'est ce Temple que l'on a élevé au milieu de la Cour, & on luy à donné une figure quarrée pour marquer par ses quatre faces, les quatre points du Monde, que regarde le Soleil. Il est placé sur une Montagne; & l'allusion du Mont-Claros au College de Clermont fait voir le dessein que l'on a de representer les oracles d'Apollon & des sçavans sur la Naissance de ce jeûne Prince, qui est l'occasion de cette Feste.

C'est pour cela que sur les quatre faces de ce Temple on lit ces quatre mots.

HOROSCOPUS

REGIUS

DUCIS

BVRGVNDIÆ.

Horoscope Royal

du Duc de Bourgogne.

B

. Les Images du Roy, de la Reine, de Monseigneur de Madame la Dauphine, & des autres Princes du Sang Royal feront une partie de la Decoration, avec les Medailles de soixante quatre Rois de France accompagnées chacune d'une Inscription à la maniere de celles des anciennes Medailles. Toutes les Sciences que l'on enseigne dans ce College sont representées par autant de Termes, qui portent l'Inscription generale comprise en ces mots.

BVRGVNDIÆ DVCI

LVDOVICI

GALLIARVM DELPHINI

FILIO

LVDOVICI MAGNI NEPOTI

PRINCIPI IVVENTVTIS

LVDOS NATALITIOS

CONSECRAT IN CLARO

MONTE

COLLEGIVM

LVDOVICI MAGNI.

La grande Corniche, ou sont les Medailles des Rois, est portée par les plus celebres Historiens du Royaume representez en termes.

Il y a vingt-deux Inscriptions tirées des Anciens Poëtes, & appliquées à la Naissance du jeune Prince, & autant de Devises. Les unes & les autres sont dans des bordures dorées.

Quinze grands Drapeaux sont peints des six vingt & huict quartiers de la descendance de cét Enfant.

Enfin toute la Feste finira le dernier jour par un feu d'artifice; une fusée qui partira d'un rayon d'un grand Soleil, ou sera le portrait du Roy, mettra le feu à la machine, & ce feu sera accompagné d'une Illumination de toute la Cour, de huit cent Lanternes, peintes de Dauphins, d'Armoiries & de Symboles, sur le sujet de cette Feste.

Ceux qui voudront voir la Description entiere de la Decoration, avec les Devises, Medailles, & autres Ornemens ; La trouveront Chez R. J. B. DE LA CAILLE, ruë Saint Iaques aux trois Cailles.

LE TEMPLE

DU

MONT CLAROS,

Ou

LES ORACLES RENDUS

EN FORME D'HOROSCOPE

Sur la Naiſſance de Monſeigneur
Duc de Bourgogne.

A PARIS,

Rue S. Iacques, aux trois Cailles,

- - -

M. DC. LXXXII.

Avec Permiſſion.

LE TEMPLE
DU
MONT CLAROS,
OU
LES ORACLES RENDUS
EN FORME D'HOROSCOPE,

Sur la Naiſſance de Monſeigneur Duc de Bourgogne.

NOUS donnons le nom d'Horoſcope à ces Oracles, parce que c'eſt le nom des Preſages, & des Predictions qui ſe font à la Naiſ-ſance des Grands, & parce qu'Apollon avoit le nom *d'Horus* parmy les Grecs. Si nous ajoûtons le mot de Royal à celuy d'Ho-roſcope, c'eſt parce que les conjectures qui ſe font de la grandeur future de cét Enfant, ne ſe font pas icy ſur les aſpects des Aſtres, mais ſur l'aſpect des Rois dont deſcend ce jeune Prince.

Sous le Temple eſt l'Autel ſacré, ou brûle le feu divin qui anime les Poëtes, cét Autel eſt de quatre Dauphins, qui ſont des Poiſſons qui ayment le chant & les Inſtrumens. Apol-lon eſt au plus haut du Temple, & l'on donne à ſa Figure la meſme teſte, le meſme air, & la meſme diſpoſition qu'avoit celuy du Mont-Claros, qui eſtoit un ouvrage de Cleomene, conſervé parmy les Antiques, ſur la teſte duquel celle-cy a eſté moulée par le ſieur Girard. Ce Dieu tient en main ſa Lire qui eſt l'Image des Spheres Celeſtes, & de l'Harmonie du Monde. Sa diſpoſition fait voir qu'il invite tous les Peuples à la joye, comme la maniere agreable dont-il paroit demy nud, & demy veſtu, montre que le Soleil eſt tantôt clair & ſerein, & tantôt couvert de nuages, & que dans les

Oracles que rend Apollon , il y a toûjours du sombre parmy les choses qui paroissent les plus claires & les plus certaines.

Cette Figure d'Apollon , qui represente en general la Majesté des Rois . est accompagnée de quatre grands Busts placés sur les quatre frontons.

Ces Busts sont ceux du Roy, & de Monseigneur le Dauphin, du feu Roy Louïs XIII. & de Henry le Grand, qui sont les quatre quartiers de la Naissance de Monseigneur Duc de Bourgogne, à qui nous présageons sur l'aspect de ces quatre Princes, qu'il sera Heureux comme son Pere, Grand comme son Ayeul, Iuste comme son Bisayeul, & Vaillant comme son Trisayeul. C'est ce que disent les quatre inscriptions posées dans les Tympans des Frontons. Sous le Bust de Monseigneur on Lit

A PATRE
FOELIX.
Heureux par son Pere.
Sous celuy de son Pere.

AB AVO
MAGNVS.
Grand par son Ayeul.
Pour celuy de Loüis le Iuste.

A PROAVO
IVSTVS.
Iuste par son Bisayeul
Sous celuy d'Henry IV.

AB ABAVO
FORTIS.
Vaillant par son Trisayeul.

La disposition des Pilastres , & des Frontons répond à ces Figures.

Les

Les Pilaſtres de la face deſtinée à Monſeigneur ſont de Porphyre veiné de blanc, parce que le blanc & le rouge ſont les couleurs que les Anciens ont attribuées à la félicité, marquant les Iours heureux par des Pierres blanches, & le rouge du Soleil couchant eſtant un preſage de ſerenité, que le fils de Dieu à luy-meſme authoriſé dans l'Evangile.

Les Chapiteaux des Pilaſtres, ſont compoſez de la Lyre d'Apollon qui en fait le corps, jointe à deux Dauphins qui ſe tournent en volutes, deux Lys en forment les tigets, & un Soleil occupe la place de la Roſace. Ce ſont autant de Symboles de la félicité, dont la Lyre exprime les Concerts, les Dauphins la ſeureté au milieu meſme des tempeſtes, les Lys les plus belles eſperances, & le Soleil la plenitude de lumiere, & ce grand éclat qui accompagne les perſonnes heureuſes comme Monſeigneur, qui doit tout cela à la grandeur, à la ſageſſe, & à la conduite de ſon Auguſte Pere. C'eſt auſſi dans deux L. entrelaſſées l'une dans l'autre que l'on void l'inſcription, *A Patre Fœlix*, pour enſeigner que le bon-heur de l'un eſt eſſentiellement attaché à la fortune de l'autre.

Le Buſt du Roy à le caſque en teſte, on remarque ſur ſon viſage ce caractere des Heros que tant de Poëtes nous ont décrit, & que nous voyons mieux de nos yeux, qu'ils n'ont jamais ſçeu le dépeindre, car l'on reconnoit à le voir ce meſlange de fierté & de douceur, que Stace donnoit autrefois à la figure de ſon Empereur, poſée dans la place de la Capitale du Monde.

Iuvat ora tueri,

Mixta notis belli placidamque gerentia Pacem.

Les Pilaſtres de cette face ſont de Lapis vené d'Or.

Les Chapiteaux ſont compoſez d'un Globe remply des trois Fleurs de Lys, & d'un Trophée de deux Canons couchés & de ſix Drapeaux élevez, qui ſont autant de Symboles de force, de puiſſance, d'authorité, & de ſageſſe: en quoy conſiſte la grandeur des Rois.

L'Inſcription eſt dans le corps meſme du Soleil, peint ſur le Fronton, & accompagnée de Cornes d'abondance de l'une deſquelles ſortent les Medailles Antiques des Empereurs, &

des Heros , & de l'autre les Inſtrumens des Arts & des Sciences , qui ne rendent pas moins Grand Louïs Quatorze que les
autres choſes ſurprenantes qu'il a faites dans la Guerre.

Le troiſiéme Buſt eſt celuy de Loüis le Juſte , qui leve les
yeux vers le Ciel , d'où la Juſtice regarde les hommes , comme a dit un Prophete , *& juſtitia de cœlo proſpexit.* Cette vertu
paroiſt peinte ſur ſon viſage & dans ſes yeux. La couleur des
Pilaſtres de porphyre veinez de blanc nous exprime le caractere de pudeur , de ſincerité , de candeur , & de zele ardent ,
qui convient ſi bien à la Juſtice , & qui eſtoit la peinture des
mœurs de Loüis XIII. Les Chapiteaux ſont compoſez d'une
peau de lyon , ſymbole de la force qui doit accompagner la Juſtice pour la rendre efficace , & de deux maſluës paſſées en
ſautoir , pour marquer celle de la Deviſe du feu Roy , qui
ayant porté en ſa jeuneſſe un trophée d'armes & d'inſtrumens
de chaſſe avec ces mots , VIRTVTI DAMNOSA QVIES ,
le repos nuit à la Vertu , prit allant au ſiege de la Rochelle une
maſluë avec ces mots , ERIT HÆC QVOQVE COGNITA
MONSTRIS , *les monſtres ſentiront auſſi les coups de celle-cy.*
Au deſſus des maſluës eſt la Couronne de France , qui eſt une
Couronne dûë de juſtice aux aînez maſles de nos Rois par
l'établiſſement de la Loy Salique. L'inſcription eſt ſur un man-
teau Royal étendu , & ſoûtenu de deux mains de Juſtice , avec
des palmes qui ſont les ſymboles du Juſte , ſelon un Oracle
ſacré.

La face où eſt placé le Buſt de Henry le Grand a des Pilaſtres
de lapis comme celle du Roy. Les Chapiteaux ſont des H. ac-
compagnez de palmes , d'une épée nuë , & d'une couronne de
laurier , ſymboles ordinaires de la valeur heroïque , dont l'H
eſt le chiffre , auſſi bien que celuy du nom de Henry le Grand.
L'inſcription eſt ſur un corps de cuiraſſe accompagnée de tro-
phées.

Huit medailles à la maniere antique ornent les entredeux
des Pilaſtres de ce Temple. En l'une on void un jeune enfant
qui releve une femme couronnée de pampres de vigne , &
appuyée ſur un Ecuſſon écartelé de Bourgogne ancien & de
Bourgogne moderne , pour marquer l'union des deux Bourgo-
gnes fertiles en vins avec cette Legende , BVRGVNDIA
RENASCENS , *par vous la Bourgogne renaiſt ,* ce jeune Prince
rétabliſſant aujourd'huy le nom des anciens Ducs de Bourgogne.

Dans la seconde une Vertu tient une anchre double sur laquelle elle s'appuye, & tient de l'autre main deux Dauphins enlassez avec deux jeunes lys & ces mots, SPES AVGVSTA, *l'Esperance Royale.*

La troisiéme est l'image de la Paix qui brûle des armes comme dans une medaille de Domitien, & tient de la gauche une corne d'abondance dont sort un jeune Prince, comme en quelques medailles d'Auguste & de Claude, avec ces mots, FRUC-TUS PACIS, *c'est le fruit de la Paix.*

La quatriéme est la figure du Feu de joye de la Greve avec des fontaines de vin. HILARITAS POPULI, *la joye du peuple.*

La cinquiéme fait voir des Soldats qui élevent un enfant sur un bouclier, avec ces mots, LÆTITIA CASTRORUM, *la joye des armes.*

La sixiéme est le Temple de la Justice, sur le trône duquel est le berceau d'un enfant, avec deux Magistrats prosternez devant ce berceau, & cette Legende Grecque ΙΕΡΑ ΣΥΝ-ΚΛΙΤΟΣ, *le sacré Senat,* pour representer les respects rendus à cet enfant par les Compagnies superieures.

La septiéme un Vaisseau dont le Roy est au timon, un Dauphin à la proüe, & au dessus du mats dans la voile l'image de cet enfant, avec ces mots, FELICITAS REGNI, *le bonheur du Royaume.*

La huitiéme est le Temple même du Mont Claros avec cette Inscription Grecque, ΚΟΙΝΟΝ ΚΛΑΡΙΩΝ *la Communauté de Claros.*

Deux corps d'Architecture remplissent les quatre faces de la cour. Ce sont de grandes Corniches portées sur des termes.

La plus haute de marbre blanc veiné de bleu porte le titre general de toute la Decoration consacrée à ce jeune Prince.

BVRGVNDIÆ DVCI LVDOVICI GAL-LIARVM DELPHINI FILIO,

LVDOVICI MAGNI NEPOTI, PRINCIPI JVVENTVTIS,

LUDOS NATALITIOS CONSECRAT IN CLARO MONTE

COLLEGIUM LUDOVICI MAGNI.

8

C'eſt à dire, *le College de Loüis le Grand conſacre ces jeux ſur le Mont Claros à la naiſſance du Duc de Bourgogne, fils de Loüis Dauphin de France, petit fils de Loüis le Grand, Prince de la jeuneſſe.*

C'eſt le titre que les Anciens donnoient aux enfans des Empereurs.

Les termes qui portent cette inſcription ſont les ſçiences qui ſont enſeignées dans ce College.

Le ſecond ordre repreſente les medailles de ſoixante-quatre Rois de France avec leurs inſcriptions, en cet ordre.

1. Pharamond, *Fundatori Galliæ*, au Fondateur de la France.

C'eſt ce Prince qui jetta les fondemens de la Monarchie Françoiſe.

2. Clodion, *Libertatis Aſſertori*, à celuy qui a affermi la liberté.

Il voulut que les cheveux longs fuſſent la marque de la liberté, dont il fut nommé *Clodion le Chevelu*.

3. Meroüée, *Jurium Vindici*, au Défenſeur des droits.

Il établit les droits de la Couronne contre les efforts des Chefs des Romains.

4. Childeric I. *Fortunæ Reduci*, au retour de la fortune.

Ce Prince ayant eſté chaſſé de ſes Etats par ſes Sujets, y fut rétably par les ſoins fideles de ſes amis.

5. Clovis, *Religionis Authori*, à l'Autheur de la Religion.

Il fut le premier Roy Chrétien.

6. Childebert, *Ampliatori Vrbis*, à celuy qui a fait la grandeur de cette Ville.

Il fit de Paris la Ville Capitale du Royaume.

7. Clotaire, *Oraculorum Fidei*, à la foy des Oracles.

Ses ennemis ayant conſulté les Oracles de l'Ecriture ſur l'évenement des guerres qu'ils entreprenoient, & en ayant tiré le ſort dans les Livres ſacrez ſelon l'uſage de ces temps-là, y trouverent les preſages de leur défaite.

8. Charibert, *Fortunæ Primigeniæ*, à la fortune aînée.

Eſtant le fils aîné de Clotaire il eut la meilleure part au partage de ſes Etats.

9. Chilperic *Æquanimitati Auguſtæ*, à l'égalité d'eſprit Royale.

Il eut

Il eut beaucoup à souffrir de sa femme Fredegonde, & dans le desordre de ses affaires il conserva une égalité d'esprit qu'il est difficile de conserver.

10. Clotaire second, *Suavitati Principis*, à la douceur du Prince.

Ce fut le caractere de son esprit.

11. Dagobert I. *Pietati Augustæ*, à la pieté auguste.

Il fit bâtir l'Eglise de S. Denis, & fonda plusieurs Monasteres.

12. Clovis II. *Conservatori Pacis*, au Conservateur de la Paix.

Il ne fit rien de plus considerable.

13. Clotaire III. *Quieti Temporum*, au repos des temps.

14. Childeric II. *Felicitati Augustæ*, à la felicité Royale.

15. Théodoric I. *Fortunæ Manenti*, à la fortune constante.

16. Clovis III. *Principis Juventuti*, à la jeunesse du Prince.

17. Childebert II. *ob Cives servatos*, pour avoir conservé les Citoyens.

18. Dagobert II. *Idolis sublatis*, pour avoir détruit les restes de l'idolatrie.

19. Clotaire IV. *Iuventæ Imperij*, à la jeunesse de l'Empire.

20. Chilperic II. *Fortunæ Adjutrici*, à la fortune favorable.

21. Thierry II. *Saracenis deletis*, pour la défaite des Sarrasins.

Ce fut Charles-Martel qui fit cette expedition.

22. Childeric III. *Sæculo novo*, au nouveau siecle.

Ces onze derniers Regnes n'ont rien de plus considerable qu'une espece de repos qui a passé pour faineantise, tout s'étant fait par les Maires du Palais.

23. Pepin, *Restitutori Majestatis*, à celuy qui a rétabli la Majesté.

Ce Prince rétablit la dignité Royale.

24. Charlemagne, *Æternitati Imperij*, à l'Eternité de l'Empire.

La gloire de cet Empereur est si grande qu'elle servira toûjours de modele à ceux qui regneront.

25. Loüis le Debonnaire, *Indulgentiæ Principis*, à la bonté du Prince.

Il se laissa tourmenter par ses enfans.

26. Charles le Chauve, *Legum Conditori*, au Legislateur.

Il fit des Ordonnances que l'on nomme du nom de Capitulaires.

27. Loüis le Begue, *Patri Populi*, au Pere du Peuple.

28. Loüis & Carloman, *Concordiæ Principum*, à l'accord des Princes.

Ces deux Princes regnerent ensemble fort paisiblement.

29. Charles le Gros, *Munificentiæ Augustæ*, à la munificence Royale.

Ce Prince fut liberal aux Eglises.

30. Eudes, *Fidei Principis*, à la fidelité du Prince.

Ce Prince ayant esté élevé & couronné pour regner pendant la minorité de Charles le Simple, luy remit fidellement le Royaume quand il fut en estat d'en prendre soin.

31. Charles le Simple, *optimo Principi*, au tres-bon Prince.

La bonté de ce Prince fut si grande qu'elle passa pour simplicité, n'estant guere la vertu des Grands.

32. Raoul, *Clementiæ Victoris*, à la clemence du Victorieux.

Ce Prince tout usurpateur qu'il estoit de la Couronne, usa de tant de clemence ayant le dessus sur ses ennemis, qu'il se fit regretter apres sa mort.

33. Loüis d'Outremer, *Fortunæ obsequenti*, à la fortune obeïssante.

Ce Prince fut heureux en sa conduite, & fut extremement adroit, se servant des avantages que la fortune luy offroit.

34. Lothaire, *Tranquillitati Augustæ*, à la tranquillité Royale.

35. Loüis V. *Requiei Augustæ*, au repos Royal.

Le repos de ces deux Princes a passé pour oysiveté dans un Royaume où l'on veut des Maistres qui soient agissans.

36. Hugues Capet, *Fundatori divæ stirpis*, au Fondateur de l'illustre race Royale.

Hugues Capet commença la troisiéme race qui regne à present.

37. Robert, *Sideribus recepto*, à celuy qui est receu dans le Ciel.

Il est honoré comme un Saint.

38. Henry I. *Vigilantiæ Augustæ*, à la felicité Royale.

39. Philippe I. *Felicitati temporum*, à la felicité des temps.

40. Loüis le Gros, *Ecclesiæ Defensori*, au défenseur de l'Eglise.

C'est le caractere de ce Prince.

41. Loüis le Jeune, *Reparatori quietis*, au Reparateur de la Paix.

Ce Prince fut appellé Prince de Paix.

42. Philippe Auguste, *Orienti Augusto*, à l'Orient Auguste.

C'est l'inscription d'une medaille antique qui convient d'autant mieux à ce Prince que c'est sous luy que la grandeur de nos Rois a commencé, les douze Pairs ayant esté instituez pour servir à la ceremonie de son Sacre.

43. Loüis VIII. *Profligatori Albigensium*, au destructeur des Albigeois.

C'est le pere de S. Loüis qui s'opposa fortement à cette Secte, & aux Comtes de Tolose qui la soûtenoient.

44. S. Loüis, *Sanctitati Augustæ*, à la sainteté Royale.

45. Philippe le Hardy, *Audaciæ Augustæ*, à la hardiesse Royale.

46. Philippe le Bel, *Formæ Augustæ*, à la beauté Royale.

47. Loüis Hutin, *Belgarum Domitori*, au Dompteur des Flamans.

48. Philippe le Bon, *Galliæ Resurgenti*, à la France qui se releve.

Ce Prince rétablit nos affaires broüillées par les Anglois.

49. Charles le Bel, *Speciei dignæ Imperio*, à la beauté digne de l'Empire.

50. Philippe de Valois, *Maturitati Augustæ*, à la maturité Royale.

51. Jean, *Patientiæ Augustæ*, à la patience Royale.

Ce Prince fut fait prisonnier, par les Anglois à la bataille de Poitiers.

52. Charles V. surnommé le Sage, *Sapientiæ Augustæ*, à la sagesse Royale.

53. Charles VI. *Facilitati Principis*, à la facilité du Prince.

Ce Prince fut comme en tutele sous ses oncles, qui abuserent du pouvoir qu'ils avoient.

54. Charles VII. *Restitutori Galliæ*, à celuy qui restablit la France.

C'est la gloire de ce Prince d'avoir restably la France si long-temps désolée par les Anglois.

55. Loüis XI. *Domino soli*, au seul Maistre.

Ce Prince grand politique voulut gouverner par luy mesme.

56. Charles VIII. *Claritati Reipublicæ*, à l'éclat de la Republique.

Ce Prince eut la qualité d'Empereur d'Orient.

57. Loüis XII. *Clementiæ Augustæ*, à la Clemence Royale.

Ce Prince qui avoit esté maltraité par biens des gens avant qu'il parvint à la Couronne, quand on le solicita aprés son couronnemét de se vanger de ses ennemis, répondit sagement que le Roy de France ne vangeoit pas les querelles faites au Duc d'Orleans.

58. François I. *Litterarum Amori*, à l'amour des Lettres.

59. Henry II. *Saluti Publicæ*, au salut Public.

Ce Prince arresta les progrez de Charles-quint & restablit les esperances de la France.

60. François II. *Spei Augustæ*, à l'esperance Royale.

La courte vie de ce Prince fait voir que la providence se joüe des desseins des hommes.

61. Charles IX. *Zelo Religionis*, au zele de la Religion.

Ce zele fut un peu trop ardent, il n'a pas esté universellement approuvé.

62 Henry III. *Eloquentiæ Augustæ*, l'Eloquence Royale.

Ce Prince passa pour le mieux disant de ce siecle.

63 Henry IV. *Fortitudini Gallicæ*, à la valeur Françoise.

64. Louis le juste. *Fœlicitati sæculi*, à la felicité du siecle.

Il s'est fait de grandes choses sous ce Regne, & ce Prince fut heureux en Ministres.

Le Roy comme l'Ame de cette décoration est representé au milieu d'une face de la Cour, dans le corps du Soleil qui est sa Devise, avec ce mot de Virgile.

Ab uno disce omnes.

Voyez en celuy-cy ce que sont tous les autres.

C'est dans luy que sont reunies toutes les vertus de ses Ancestres pour les communiquer à ses descendans.

Au dessous est cette inscription d'Horace à Auguste.

Hic Ames dici Pater atque Princeps.

Joignez le nom de Pere à celuy de Monarque.

C'est le College qui demande à ce grand Prince sa protection, & l'honneur de porter son Nom, par une adoption qui fera la gloire des Lettres.

Les Portraits de la Reyne, le Monseigneur le Dauphin, & Madame la Dauphine, de Monsieur, & de Madame, de Mademoiselle de Montpensier, de Monsieur le Prince, de Monsieur le Duc, & de Madame la Duchesse font une partie de cette décoration, avec les autres Princes & Princesses du Sang.

Les Oracles du Mont-Claros sur la Naissance du jeune Prince sont compris en diverses inscriptions tirées des Anciens Poëtes, qui sont les Augures d'Apollon.

Lucrece dit d'abord de ce jeune Prince qu'il croistra en mesme temps, que son corps prendra de nouvelles forces.

Vis animi crescet cum Corpore.

L'esprit avec le corps ira toûjours croissant.

Perse

Perse asseure que l'esprit & la sagesse luy viendront avant le poil.

Ingenium & rerum Prudentia velox,
Ante pilos veniet.

Ovide dit que Iupiter reconnoit ce Ieune Prince pour son fils, & qu'il est comme Ajax au troisiéme degré dépuis ce Dieu, estant petit fils de Louïs le Grand.

Prolemque fatetur.
Iupiter ipse suam ; sic à Iove tertius Aiax.

Properce luy augure des triomphes, & des victoires au dela du Tigre & de l'Euphrate.

Parat ultima terra triumphos.
Tigris & Euphrates sub tua jura fluent.

Stace dit à cét Enfant qu'il fournira un jour de grands exemples à toute la posterité, qu'il fera de grandes choses, & que le nom & la reputation de son grand Pere demandent cela de luy.

Exempla parabis.
Magna geres, dignos etiamnum belliger actus ;
Poscit Auus.

Iuvenal invite les Escoliers du College à travailler pour cet Enfant.

Hoc agite ô Iuvenes Circumspicit, & stimulat vos.
Materiamque sibi Ducis indulgentia quærit.

Claudien déclare que toute l'Allemagne à tremblé le long du Rhein à la Naissance de cét Enfant.

Te nascente ferox toto Germania Rheno,
Intremuit.

Ausone prédit qu'il n'y aura jamais en guerre des Heros comparables à luy.

Non illi bello quisquam se conferet Heros.

Martial anime ce jeune Prince sorti du Sang des Dieux à croî- tre pour avoir part à la grandeur de son Pere & de son Ayeul.

Vera Deum soboles nascere magne puer.
Cui Pater æternos post sæcula tradat honores,
Quique regas orbem cum seniore Senex.

Seneque nous apprend qu'il n'est rien de si Noble que le Pe- re de cét Enfant, & que le Soleil est son Ayeul.

Nobili fulget Patre,
Avoque Clarum Sole deducit genus.

Tibulle chante que les Siecles précedens n'ont rien vû de si beau que luy.

Non illo quidquam formosius ulla priorum,
Ætas vidit.

Horace luy prédit tous les avantages de la Fortune du Corps & de l'esprit, en disant qu'il sera illustre, genereux, juste, sage, Roy, & tout ce qu'il voudra.

Clarus erit, fortis, justus, sapiens etiam & Rex,
Et quidquid volet.

Il luy offre aussi par avance tous les honneurs, que l'on rend aux souverains, veut que l'on jure par son nom, luy consacre des Autels, c'est par là que les siecles passez n'ont rien vû de semblable, & que les futurs ne le verront pas.

Præsenti tibi maturos largimur honores,
Iurandasque tuum per nomen ponimus aras,
Nil oriturum aliàs, nil ortum tale fatentes.

Virgile nous promet qu'il regnera un jour heritier des vertus de ses Ancestres.

Pacatumque reget patriis virtutibus orbem.

Valerius Flaccus dit que cét Enfant est l'amour de la France, & qu'il en sera l'asseurance, tandis que le Ciel & la terre s'épuisent pour Louïs le Grand, le digne objet de tous leurs soins.

Est amor, & rerum cunctis tutela suarum.
Et tibi magne Pater terris donaria certant.

Silius Italicus veut que tous les Heros luy cedent.

Cedat tibi gloria, Lausque.
Magnorum heroüm, celebrataque carmine virtus.

Lucain luy donne un nom illustre & venerable à tous les Peuples, & glorieux à cette Ville.

Clarum & venerabile nomen.
Gentibus, & nostra multum quod proderit urbi.

A ces Augures des Poëtes il faut joindre les instructions qu'ils donnent à cét Enfant.

Catulle luy fait dire par ses Ancestres de marcher sur leurs pas. *Hac gradiêre viâ, quâ nos præcessimus.*

Claudien luy propose les exemples de son grand Pere à imiter, & ses actions éclatantes qui remplissent toute la terre.

Hos tibi virtutum stimulos, hæc semina laudum,
Hæc exempla dabit.

Ovide luy fait voir que son Pere & sa Mere, sont remplis de Dieu.

Deus est in utroque parente.

Lucain luy dit qu'il sera heureux s'il égale par ses vertus, le grand éclat de sa Naissance.

Fœlix si tantis animum natalibus æquas.

DEVISES.

Plusieurs Devises representent sous des Corps ingenieux le bon-heur de cette Naissance, ou la felicité publique sous un regne aussi glorieux que celuy-cy,

La premiere est un grand jet d'Eau qui coulant d'une source élevée, & sortant de la gueule d'un Dauphin s'eleve fort haut avec ces mots de Virgile.

SIC SESE ATTOLLIT IN AVRAS.

C'est ainsi qu'en Naissant il s'eleve d'abord

Sortir du Dauphin de France, & d'une Maison Royale qui est la premiere de toutes les Maisons souveraines de l'Europe, c'est avoir une origine autant illustre qu'on la puisse avoir, & la Naissance du Monde la plus glorieuse.

La seconde est un Diamant avec ces mots de Claudien,

NEC LVCIS FRVCTVS PRETIOSIOR VNQVAM.

Iamais de tant d'éclat nul autre n'a brillé.

La troisiéme est une Tige de Lys dont la fleur la plus haute est entierement ouverte, la seconde à demy, & la troisiéme en bouton avec ces mots de Lucain.

MAGNI SPES ALTERA.

Il joint à sa grandeur, esperance nouvelle.

La quatriéme est une Nacre dans laquelle est une Perle avec ces mots de Senecque.

ATQVE ALIOS DABIT.

Qu'elle en donnera d'autres,

Cette devise est pour Madame la Dauphine qui nous a donné ce jeune Prince, & qui nous en promet d'autres.

La cinquiéme est un jeune Alcyon dans son Nid.

NASCOR PACIS AMANS.

Ie nais dans le sein de la Paix.

La sixiéme est un Girasol en bouton, qui n'est encore qu'une plante, qui n'a ny sa fleur, n'y le nom de Girasol, ne se tournant pas encore vers cét Astre.

SOL FORMAM NOMENQVE DABIT.

Il aura du Soleil, & la forme & le nom.

Le Roy formera ce jeune Prince, & comme sur le Mont-Claros, il y avoit des Girasols & plus beaux & plus élevez que ceux des autres endroits de la Grece, quoy qu'ils fussent plus lents à venir, ce Collage espere de la bonté du Roy, & de sa magnificence que pour estre le dernier estably de tous, Sa Majesté daignera luy continuer ses faveurs, & sa protection Royale, puis qu'il n'a d'accroissement que par ses amples bienfaits.

Le septiéme fait voir que ce petit Prince tout Enfant qu'il est, est d'une grande esperance pour ce Royaume, & un grand appuy de la paix.

C'est un Globe qui s'appuye sur un point seulemeut.

TANTILLO NITITVR.

D'un soustien si petit qu'il est bien soustenu.

La huitiéme promet de grands accroissemens à ce jeune Prince sous l'appuy de Louis le Grand, c'est une vigne de Virginie qui à la maniere du Lierre s'estend, & s'attache d'abord, mais avec tant de vitesse qu'en moins de trois ou quatre ans, elle couvre les plus hautes murailles & les plus larges.

CRESCET IN IMMENSVM.

A ses accroissemens on ne void point de bornes.

La neufviéme nous promet dans cét Enfant, le courage d'un Heros, c'est un Lionceau, avec ces mots.

ANIMVS TENERO SE CORPORE PRODIT.

Dans un si tendre corps on void de la vigueur.

La dixiéme est le Soleil qui faisant passer un de ses rayons par un trou fort petit, ne laisse pas dans ce peu d'espace de representer son Image toute entiere.

TOTVS ET IN MINIMO.

Et tout petit qu'il est, il nous l'exprime tout.

On void tous les traits de Louïs le Grand dans cét Enfant, & il promet déja qu'il en sera avec le temps une fidele copie.   L'onziéme

L'onziéme est une Aigle à deux testes sur un mesme corps,
avec ces mots.

DVO FORMANTVR IN VNO.

Vn seul en forme deux.

On void assez que c'est le Roy qui formera la jeunesse de
ce Prince, & Monseigneur le Dauphin son Pere.

La douziéme est un Aiglon qui va regarder le Soleil sous la
conduite de son Pere, avec ces mots d'Ovide.

AVSPICIIS ANIMISQVE PATRIS.

Sous la conduite, & les soins de son Pere.

Monseigneur ne formera ce Fils que sur les exemples de
Louïs le Grand.

Dans la treiziéme on fait parler cét Enfant sous la figure d'un
Croissant de Lune qui regarde le Soleil, avec ces mots.

VT CRESCAM ÆQVABO NVMQVAM.

I'ay beau croistre tousjours, on ne peut l'égaler.

La quatorziéme fait voir toute la nature qui se réjoüit
au lever du Soleil, avec ces mots d'Isaye.

IN SPLENDORE ORTUS TUI.

A l'éclat de vostre Naissance,
La nature se réjoüit.

On connoist parmy les petits des Abeilles, celuy qui sera
Roy; par une tête dorée & plus élevée que les autres. C'est
ce petit des Abeilles qu'on a representé dans la quinziéme
Devise, avec ce vers de Claudien.

ET SPONDERE DUCEM CELSI NITOR IGNEUS ORIS.

A le voir on connoist, ce qu'un jour il doit estre.

La quinziéme est un Globe chargé de trois FleurdeLys,
de la maniere dont le Roy porte ordinairement ses Armoiries, avec ces mots.

SIC TRES ORBEM IMPLENT.

Ils suffisent tous trois à remplir tout le monde.

Les quatre de la face du milieu, regardent uniquement le
Roy.

La premiere pour la reünion de la Bourgogne, est une
main qui tient le Collier de l'Ordre de la Toison d'or,
Symbole de la Bourgogne, dont les Ducs establirent cet
ordre, avec ces mots.

E

POSCEBANT HANC FATA MANUM.

C'eſt cette ſeule main qui pouʋoit l'emporter.

Comme il n'y avoit que Jaſon qui pût enlever la Toiſon d'or, il n'y avoit que le Roy qui pût faire cette Conqueſte.

La ſeconde eſt un Porc-épy, avec ces mots de Claudien.

ET FORMA DECENS ET ROBUR IN ARMIS.

Il a l'air agreable, & fier en même temps.

Pour le Roy ſous les Armes.

La troiſiême, eſt un Hieroglyphique de la paix, c'eſt un ſceptre couché ſur un carreau, comme les anciens y mettoient un foudre, avec ces mots de Claudien.

IMPERIOSA QUIES.

Ce repos a du grand, & ſe fait reſpecter.

Le Roy n'eſt pas oiſif dans la paix, il fortifie ſes places, & il en acquiert de nouvelles.

La quatriéme dit la même choſe d'une maniere differente, c'eſt un Palmier auquel un trophée eſt attaché, avec ces mots de Virgile.

NUNQUAM DESUETA TRIUMPHIS

Juſqüe dans ſon repos il faut qu'elle triomphe.

La cinquiéme eſt un Ayman, qui non ſeulement attire des anneaux de fer, mais communique ſa vertu des uns aux autres pour s'attirer mutuellement, avec ces mots de Virgile. **VIRTUTEM EXTENDET.**

Sa vertu paſſera juſqu'aux plus éloignez.

Le Roy inſpirera ſon eſprit & ſa valeur à tous ſes Décendans, principalement aux plus proches, comme Monſeigneur le Dauphin, & Monſeigneur Duc de Bourgogne.

Le corps du Soleil dans lequel eſt l'image du Roy, eſt le corps de pluſieurs autres Deviſes.

Le Soleil qui répand ſes rayons, avec ce vers de Claudien.

SPARGUNTUR IN OMNES.

Sur tous également il répand ſes lumieres.

C'eſt à dire ſur tous ſes Anceſtres, dont les images ſont icy repreſentées.

Le Soleil, avec ce vers de Martial.

CUI PAR EST NIHIL ET NIHIL SECUNDUM.

Rien n'eſt égal à luy, rien même n'en approche.

Le Soleil qui fait un Arc-en-ciel, avec ces mots de Seneque.

QUIS SIC TRIUMPHANS?

Qui triompha jamais avecque tant d'éclat?

Le Soleil dans le Zodiaque.

SERVATA SEMPER LEGE.

Toûjours également juſte dans ſes demarches.

Le Soleil ſortant des broüillars, dans leſquels il paroiſt plus grand, avec ces mots de Seneque.

QUALIS EX OMNI SOLET LABORE MAJOR.

Il ſe montre plus grand, plus à luy l'on s'oppoſe.

Il y a ſeize Eſtendards qui repreſentent les cent vingt-huit quartiers de ce jeune Prince par Monſeigneur le Dauphin, par Madame la Dauphine, par la Reine Anne d'Auſtriche, par Marie de Medicis, & par les Maiſons de Lorraine, de Dannemarck, de Savoye, de Bourgogne; chacune ayant huit Bannieres marquées des Noms d'autant de quartiers, dont ce Prince deſcend par ces Maiſons. Celle d'Auſtriche s'y trouve repetée quatre fois par nos deux dernieres Reines, & par deux Electrices de Baviere.

Il s'eſt fait dans ce même College, pluſieurs Compoſitions Latines, ſur le ſujet de cette Naiſſance, que l'on donnera au Public, & le Sieur S E V I N Peintre a executé ce deſſein avec autant d'adreſſe que de diligence.

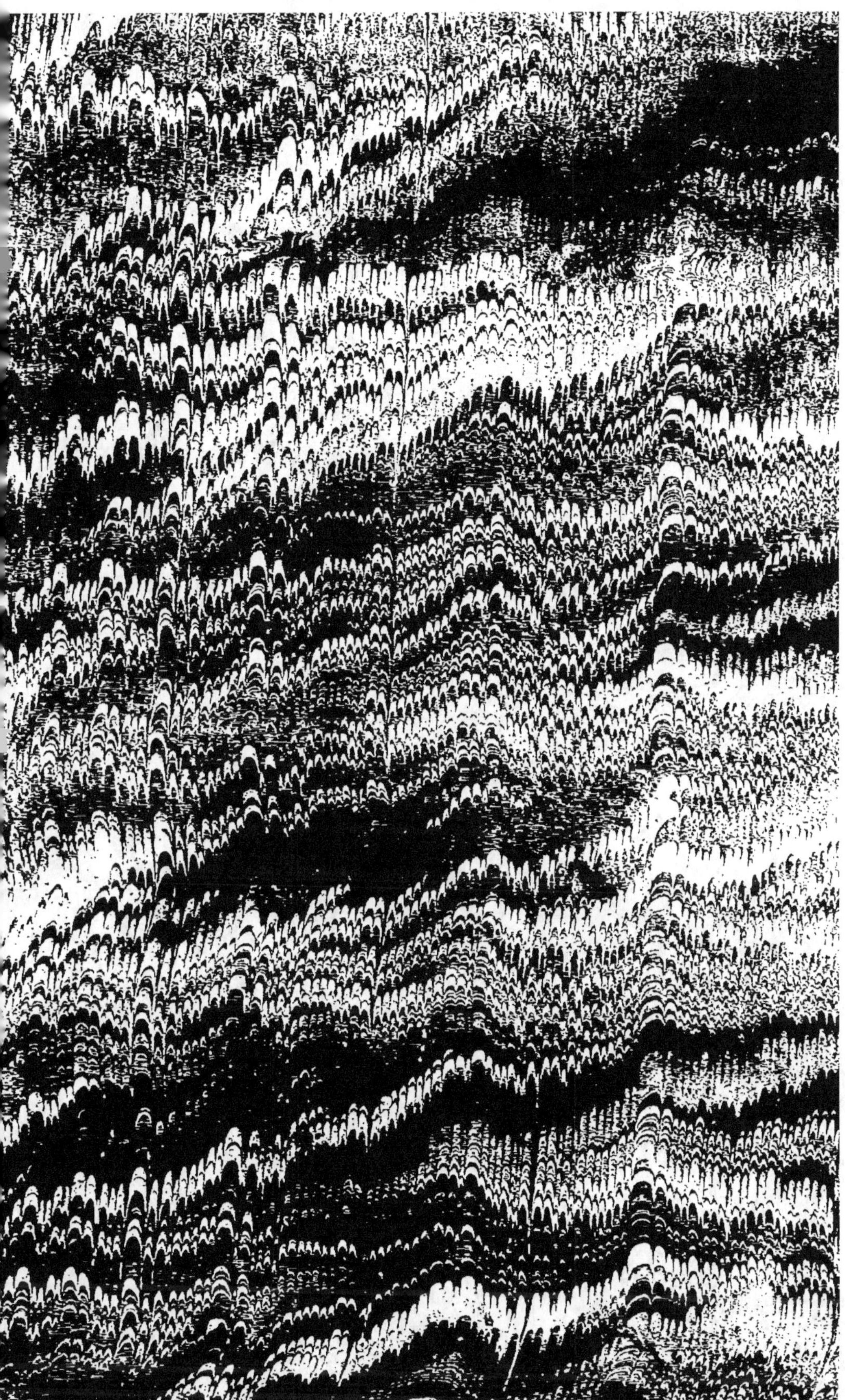

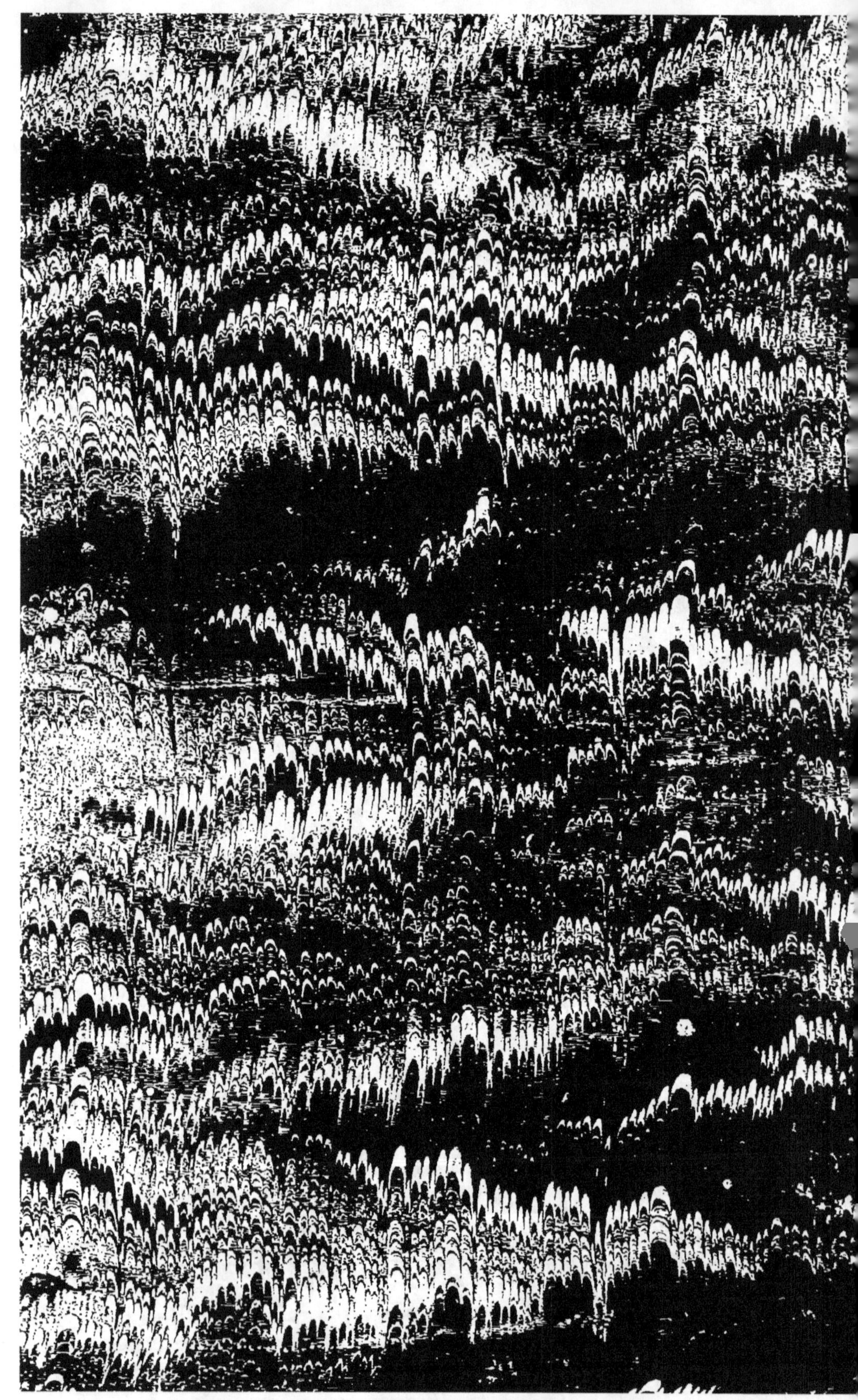

www.ingramcontent.com/pod-product-compliance
Lightning Source LLC
Chambersburg PA
CBHW051403060726

47596CB00005B/2045